W0084888

Harry Potter™

HARRY POTTER™

Die Highlights aus den Filmen

RAVENSBURGER BUCHVERLAG

Copyright © 2016 Warner Bros. Entertainment Inc.
HARRY POTTER characters, names and related indicia
are © & ™ Warner Bros. Entertainment Inc.
WB SHIELD: TM & © WBEI.
J.K. ROWLING'S WIZARDING WORLD ™ J.K. Rowling and Warner Bros.
Entertainment Inc. Publishing Rights © JKR. (s16)

www.harrypotter.com

All rights reserved. First published in the US in 2016 by Scholastic Inc., *Publishers since 1920.*
SCHOLASTIC and associated logos are trademarks and/or registered trademarks of
Scholastic Inc.

Published in German by Ravensburger Buchverlag Otto Maier GmbH by arrangement with
Scholastic Inc.

Übersetzt von Simone Wiemken

Der Verlag hat keine Kontrolle über und keine Verantwortung für die Internetseiten des Autors
und anderer dritter Parteien.

Diese Veröffentlichung darf ohne Genehmigung des Verlags weder ganz noch teilweise
nachgedruckt, gespeichert oder elektronisch, mechanisch, durch Kopien, Aufnahmen
oder auf andere Weise weitergegeben werden.
Für eine Abdruckgenehmigung wenden Sie sich bitte an:
Ravensburger Buchverlag Otto Maier GmbH, Robert-Bosch-Straße 1, 88188 Ravensburg.

Dies ist ein fiktionales Werk. Namen, Figuren, Orte und Ereignisse entspringen
entweder der Fantasie des Autors oder werden auf fiktive Weise genutzt.
Jede Ähnlichkeit mit realen Personen, Geschehnissen oder Schauplätzen ist
rein zufällig.

ISBN 978-3-473-40802-3

5 4 3 2 1   E D C B A

Deutsche Erstausgabe 2016

By Felicity Baker
Art Direction: Rick DeMonico
Page Design: Two Red Shoes Design

www.ravensburger.de

Inhalt

Der Film beginnt

Harry Potter hielt sich immer
für einen ganz normalen Jungen.
Aber an seinem elften Geburtstag
erfährt er etwas Wunderbares –
er ist ein Zauberer!

Harry Potters Eltern Lily und James lernen sich als Schüler in Howarts kennen, der Schule für Hexerei und Zauberei. Sie verlieben sich und heiraten später.

Lily, bevor sie nach Hogwarts kommt

James als Schüler in Hogwarts

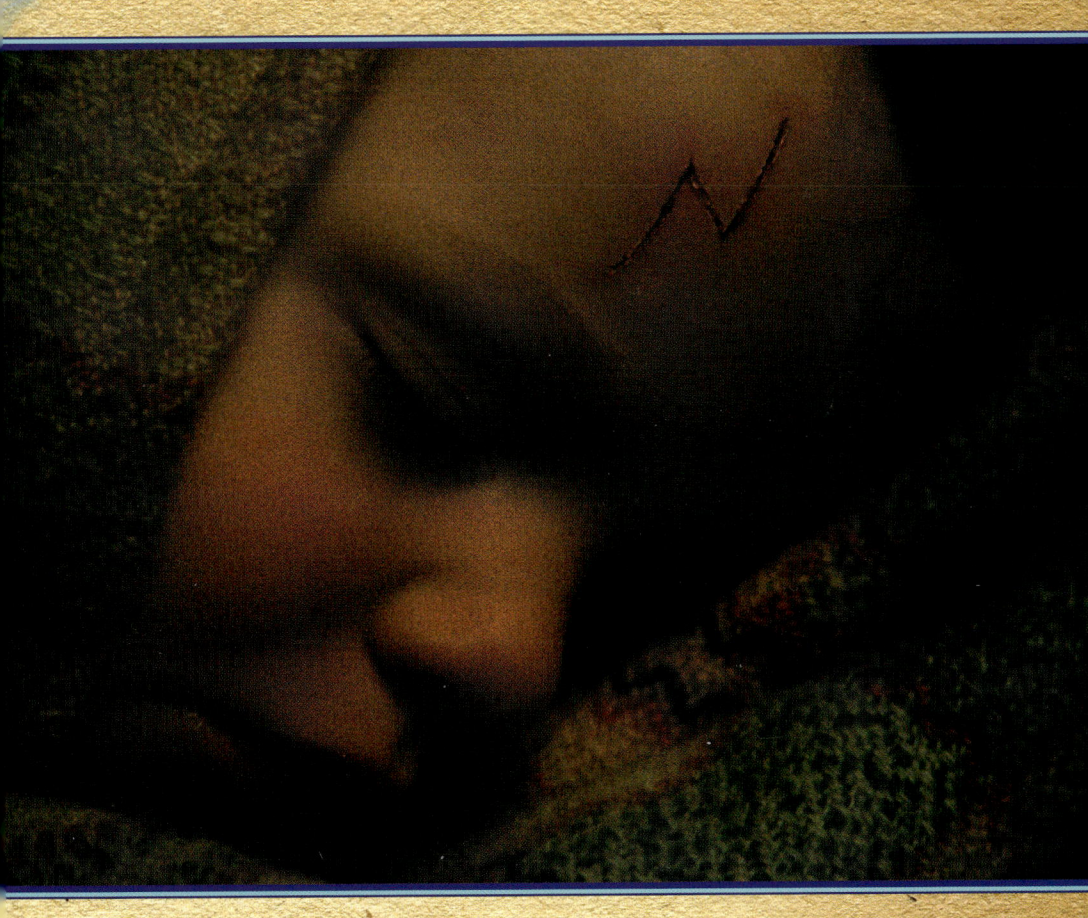

Als Harry noch ein Baby ist, werden seine Eltern vom bösen Lord Voldemort getötet. Er versucht auch Harry zu töten, doch der überlebt und trägt eine gezackte Narbe auf der Stirn davon.

Die Professoren Dumbledore und McGonagall,
Freunde von Harrys Eltern, bringen den kleinen
Harry zu seinen Muggelverwandten, den Dursleys.

Rubeus Hagrid, Zauberer und Hüter magischer Kreaturen, bringt Harry mit seinem fliegenden Motorrad in den Ligusterweg.

Tante Petunia, Onkel Vernon und Harrys Cousin Dudley sind gemein zu Harry.

Sie erzählen Harry nicht die Wahrheit über seine Eltern.

Harry lebt in einem Schrank unter der Treppe.

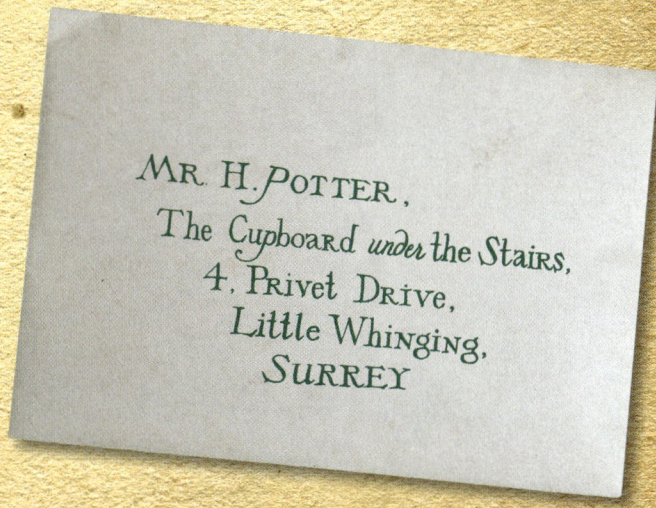

MR. H. POTTER,
The Cupboard *under* the Stairs,
4, Privet Drive,
Little Whinging,
SURREY

Sie geben Harry nicht einmal einen sehr wichtigen Brief –
eine Einladung nach Hogwarts, der Schule für Hexerei und
Zauberei.

Aber es ist Harrys Schicksal, Zauberer zu werden. Die Dursleys können die Briefe nicht ewig vor ihm verstecken.

„Sehr geehrter Mr Potter, wir freuen uns, Ihnen mitteilen zu können, dass Sie nunmehr an der Hogwarts-Schule für Hexerei und Zauberei aufgenommen sind ..."

— Brief von Professor McGonagall,
Film: Harry Potter und der Stein der Weisen

Hagrid sieht Harry erst wieder, als er ihn nach Hogwarts bringt.

Hagrid erzählt Harry die Wahrheit über seine Eltern.

Hagrid bringt Harry in die Winkelgasse, wo Hexen und Zauberer einkaufen.

Hagrid und Harry gehen zu Gringotts, einer von Kobolden
geführten Zaubererbank, um Harrys Erbe abzuholen.

Dann geht es zu Ollivanders, wo Harry einen Zauberstab kauft.

„Es ist eigenartig, dass Sie nun für den hier
bestimmt zu sein scheinen, wo doch sein Bruder
... Sie mit dieser Narbe gezeichnet hat."

— MR OLLIVANDER,
FILM: HARRY POTTER UND DER STEIN DER WEISEN

Um nach Hogwarts zu kommen, muss Harry den Hogwarts-Express vom Bahnhof King's Cross, Gleis neundreiviertel, nehmen. Hier trifft er Ron Weasley, der ebenfalls zum ersten Mal nach Hogwarts fährt.

„Können Sie mir sagen, wo ich Gleis neundreiviertel finde?"

— HARRY POTTER,
FILM: *HARRY POTTER UND DER STEIN DER WEISEN*

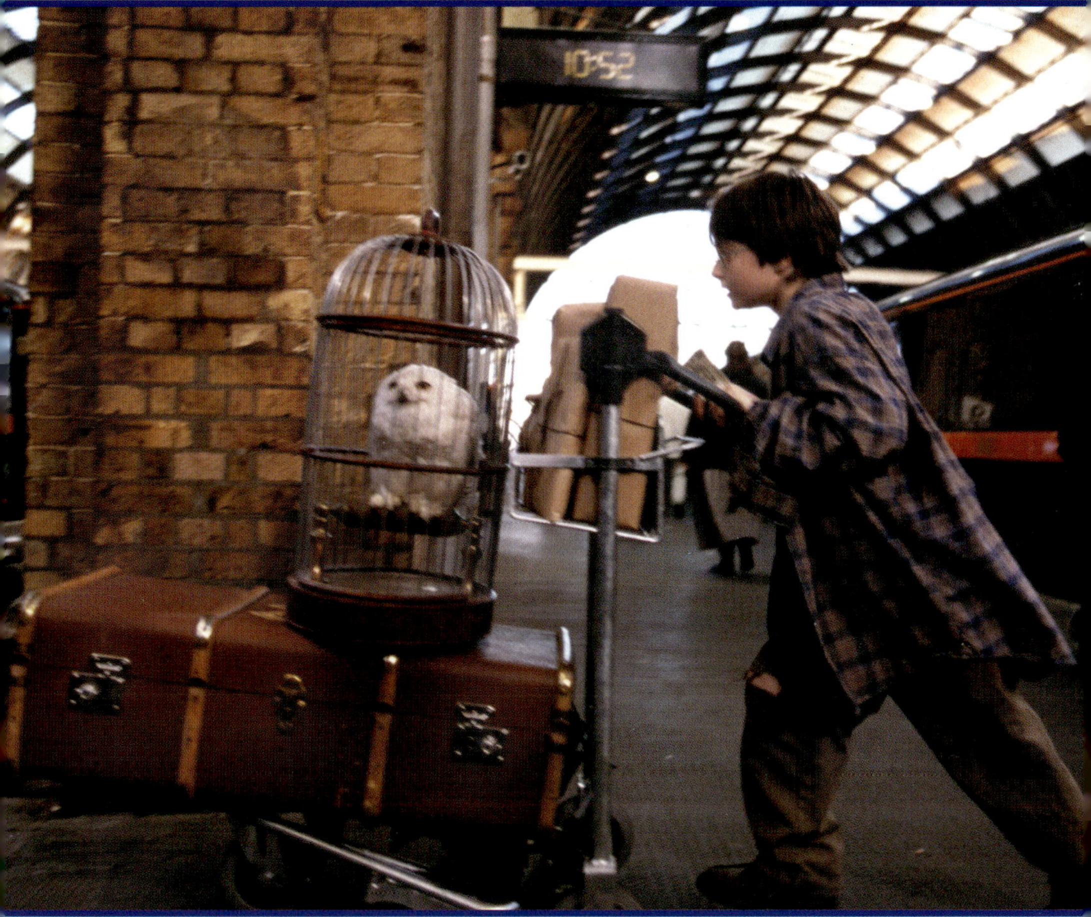

Rons Mutter empfiehlt Harry zu rennen, damit er leichter
auf das Gleis neundreiviertel kommt.

Ron: „Also, ist das wirklich wahr?
Ich meine, hast du wirklich die ... die ... ?"

Harry: „Die was?"

Ron: „Die Narbe."

— FILM: HARRY POTTER UND DER STEIN DER WEISEN

Später lernen sie ihre Mitschülerin Hermine Granger kennen.

Mit einem Zauberspruch repariert Hermine Harrys Brille.

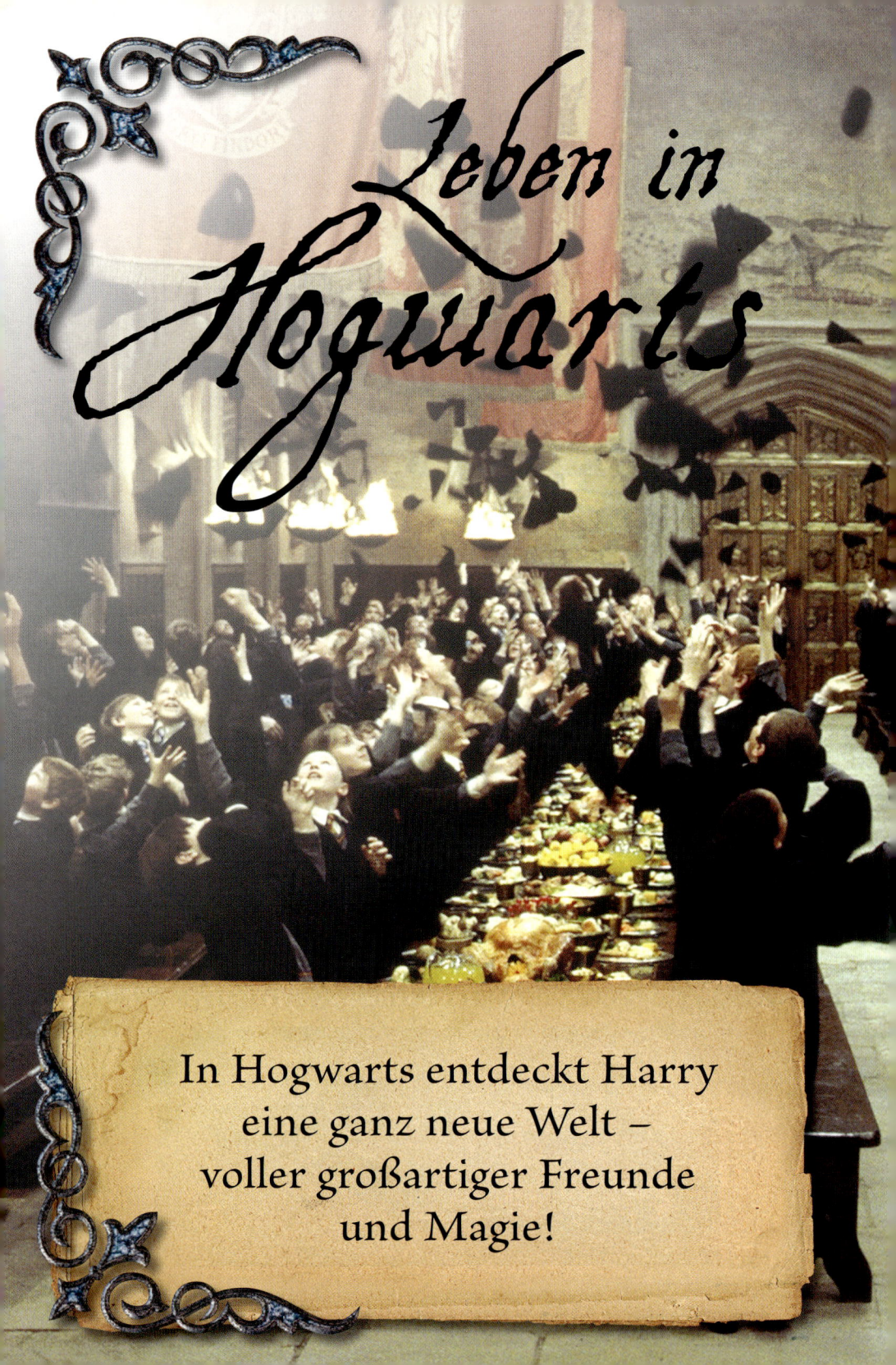

Leben in Hogwarts

In Hogwarts entdeckt Harry
eine ganz neue Welt –
voller großartiger Freunde
und Magie!

Die neuen Schüler versammeln sich in der Großen Halle, wo der Sprechende Hut sie ihren Häusern zuteilt.

„Es gibt Gryffindor, Hufflepuff, Ravenclaw und Slytherin. Solange ihr hier seid, ist euer Haus gleichsam eure Familie."

— PROFESSOR MCGONAGALL,
FILM: HARRY POTTER UND DER STEIN DER WEISEN

Harry kommt nach Gryffindor, wie schon seine Eltern vor ihm.

Auch seine neuen Freunde werden für Gryffindor eingeteilt.

In Hogwarts gibt es viele verzauberte und geheimnisvolle Gegenstände und Kreaturen.

Fred und George Weasley geben Harry die Karte des Rumtreibers. Sie zeigt an, wo sich jede Person in Hogwarts gerade aufhält.

Professor Dumbledore gibt Harry einen Tarnumhang, der früher seinem Vater gehört hat.

Beim Herumstöbern in einem verbotenen Raum findet Harry den Spiegel Nerhegeb. Darin sieht er die lächelnden Gesichter seiner Eltern.

„Er zeigt uns nicht mehr und nicht weniger als das allertiefste und verzweifeltste Sehnen unseres Herzens."

— PROFESSOR DUMBLEDORE,
FILM: HARRY POTTER UND DER STEIN DER WEISEN

25

Der Unterricht in Hogwarts ist ganz anders als an anderen Schulen – immer aufregend und oft auch eine Herausforderung.

Harry fürchtet den Zaubertrank-Kurs von Professor Snape. Es kommt ihm vor, als hätte Snape es auf ihn abgesehen.

Kräuterkunde wird von Professor Sprout unterrichtet.

In Professor Trelawneys Wahrsage-Kurs versuchen die Schüler, in die Zukunft zu sehen.

In den Flugstunden erweist sich Harry als Naturtalent auf dem Besen.

Um gegen Lord Voldemort gewappnet zu sein, bringt Harry seinen Freunden heimlich bei, sich zu verteidigen. Die Gruppe nennt sich Dumbledores Armee.

„Sämtliche großen Zauberer der Geschichte waren am Anfang nichts anderes als das, was wir heute sind – Schüler! Und wenn die es schaffen konnten, können wir das auch."

— HARRY POTTER,
FILM: HARRY POTTER UND DER ORDEN DES PHÖNIX

Das Trimagische Turnier ist ein Zauber-
wettbewerb zwischen Hogwarts und den
Schulen Durmstrang und Beauxbatons.
Harry wird als Teilnehmer für Hogwarts
ausgewählt.

Seine erste Aufgabe ist es, ein goldenes
Ei zu erobern, das von einem Drachen
bewacht wird.

Bei der zweiten Aufgabe muss Harry Ron vom Grund des Sees retten und sich dabei vor den Wassermenschen in Acht nehmen.

Die dritte Aufgabe: in einem Irrgarten den Weg zum Trimagischen Pokal finden.

Harry lernt fleißig, nimmt sich aber auch Zeit, um Spaß zu haben und zu feiern.

Beim Weihnachtsball tanzt Harry mit Parvati Patil.

Harry spielt gern Zauberschach mit Ron.

Hermine, Harry und Ron gehen am Wochenende manchmal nach Hogsmeade.

In seiner Freizeit spielt Harry am liebsten Quidditch.

Professor McGonagall ernennt Harry zum Sucher für Gryffindor.

Harry bewundert Oliver Wood, Quidditch-Teamkapitän und Hüter.

Auf dem Quidditchfeld trifft Harry auf seinen Rivalen
Draco Malfoy.

Quidditch ist ein harter Sport – vor allem, wenn Dementoren
während eines Spiels angreifen.

Familie, Freunde und Feinde

Die Freunde, die Harry in Hogwarts findet, werden zu seiner wahren Familie, genau wie die Professoren und die Mitglieder vom Orden des Phönix. In Hogwarts begegnet Harry aber auch seinen mächtigsten Feinden.

Harry, Ron und Hermine verbindet
ein festes Band der Freundschaft.

„Vielleicht stimmt's doch nicht,
dass du da allein durch musst ..."

— RON WEASLEY,
FILM: *HARRY POTTER UND DER ORDEN DES PHÖNIX*

„Ohne sie würden wir keine zwei Tage durchhalten ... Sag ihr das ja nicht!"

— RON WEASLEY ÜBER HERMINE GRANGER,
FILM: HARRY POTTER UND DIE HEILIGTÜMER DES TODES TEIL 2

„Du brauchst uns, Harry."

— HERMINE GRANGER,
FILM: HARRY POTTER UND DER HALBBLUTPRINZ

Im dritten Jahr erfährt Harry, dass Sirius Black sein Patenonkel ist.

Die Weasleys behandeln Harry wie ein Familienmitglied.

Harry begleitet die Weasleys zur Quidditch-Weltmeisterschaft.

Harry wird in den Orden des Phönix aufgenommen, einer Gruppe von Zauberern, die sich Voldemort in den Weg stellt. Zu den Mitgliedern gehören viele, denen Harry vertraut, wie etwa die Professoren Dumbledore, McGonagall und Lupin.

Albus Dumbledore

Minerva McGonagall

Kingsley Shacklebolt

Nymphadora Tonks

Remus Lupin

Rubeus Hagrid

Sirius Black

Alastor „Mad-Eye" Moody

Arthur Weasley

Molly Weasley

Neville Longbottom spielt häufig eine Rolle in Harrys Abenteuern.

„Was wir verlieren, kommt am Ende immer zu uns zurück. Wenn auch oft nicht so, wie wir es erwarten."

— Luna Lovegood,
Film: *Harry Potter und der Orden des Phönix*

Harry freundet sich mit der Ravenclaw-Schülerin Luna Lovegood an.

Harry und Cho Chang aus Ravenclaw kommen sich näher,
als sie Dumbledores Armee beitritt. In Harrys fünftem Schuljahr
küssen sie sich sogar.

Harry und
Ginny Weasley
werden mehr als
nur Freunde.

Manche Professoren machen Harry das Leben schwer.

Professor Snape scheint Harry zu hassen.

„Berühmtheit ist eben nicht alles, stimmt's, Mr Potter?"

— PROFESSOR SNAPE,
FILM: HARRY POTTER UND DER STEIN DER
WEISEN

Dolores Umbridge unterrichtet
Verteidigung gegen die Dunklen
Künste und behandelt Harry
mehr als ungerecht. Sie lässt
Harry eine Strafarbeit mit einer
Feder schreiben, die seine Hand
verletzt.

Schon bei ihrer ersten Begegnung können sich Harry und Draco Malfoy nicht leiden. Harrys Abneigung gilt auch Dracos Eltern, die Todesser sind.

„Jeder Zauberer, der auf die Seite des Bösen gewechselt ist, war in Slytherin."

— RON WEASLEY,
FILM: *HARRY POTTER UND DER STEIN DER WEISEN*

Lord Voldemort war unter dem Namen
Tom Riddle Schüler in Hogwarts. Er glaubt der
Prophezeiung, dass Harry stark genug ist, um ihn
zu besiegen. Deswegen will er Harry töten.

„Die Prophezeiung sagte, keiner von
beiden kann leben, während der andere
überlebt. Das bedeutet, am Ende muss
einer von uns den anderen töten."

— HARRY POTTER,
FILM: HARRY POTTER UND DER ORDEN DES PHÖNIX

Wesen und Kreaturen

In den acht Filmen trifft Harry
alle möglichen magischen
Wesen und merkwürdigen
Kreaturen.

Ein paar magische Kreaturen werden
zu Harrys Freunden und Verbündeten.

Harrys Schneeeule Hedwig ist ein Geschenk von Hagrid.

Hauself Dobby freundet sich mit Harry an und hilft ihm bei einigen Gelegenheiten.

„Dobby ist gekommen und rettet Harry Potter, was sonst?"

— DOBBY, FILM: HARRY POTTER
UND DIE HEILIGTÜMER DES TODES TEIL 1

Mit einem Trick bringt Harry Lucius Malfoy dazu, Dobby aus der Sklaverei zu entlassen.

Harry trifft auch magische Kreaturen,
die seinen Lehrern gehören.

Fawkes, Professor Dumbledores Phönix, kommt Harry in der
Kammer des Schreckens zur Hilfe.

*„Natürlich! Die heilenden Kräfte
von Phönixtränen!"*

— HARRY POTTER, FILM: *HARRY POTTER
UND DIE KAMMER DES SCHRECKENS*

Hagrid und Harry mit Aragog, Hagrids geliebter Spinne

Harry mit Seidenschnabel, Hagrids Hippogreif

Manche Zauberwesen eignen sich für eine spektakuläre Flucht. Harry, Ron und Hermine verlassen Gringotts auf dem Rücken eines Drachen.

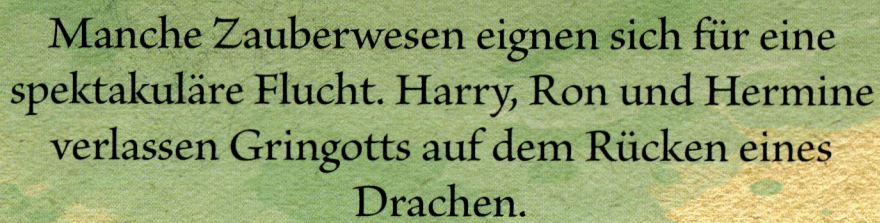

„Das war sowas von genial!"

— RON WEASLEY, FILM: HARRY POTTER UND DIE
HEILIGTÜMER DES TODES TEIL 2

Kampf gegen Voldemort

In Hogwarts muss Harry mehrere Kämpfe gegen Voldemort austragen. Meistens stehen Harrys Freunde ihm dabei zur Seite, aber in der letzten Schlacht tritt Harry allein gegen den Dunklen Lord an.

Bei der dritten Aufgabe des Trimagischen
Turniers stehen sich Harry und Voldemort
in ihrem ersten Duell gegenüber. Harry
entkommt nur knapp mit dem Leben.

In Harrys fünftem Schuljahr greift Dumbledore ein, als Voldemort Harry töten will. Es kommt zu einer Schlacht im Zaubereiministerium.

Der letzte Kampf zwischen Harry und Voldemort findet in Hogwarts statt.

„Komm schon, Tom. Beenden wir es so, wie es angefangen hat – zusammen."

— HARRY POTTER, FILM: *HARRY POTTER UND DIE HEILIGTÜMER DES TODES TEIL 2*

Nachdem der letzte Horcrux zerstört ist, wird Voldemort schwächer.

Jetzt kann Harry Voldemort endgültig vernichten.

„Sich anzustrengen ist wichtig. Aber
es gibt etwas, das noch wichtiger ist:
Ihr müsst immer an euch glauben."

— HARRY POTTER,
FILM: HARRY POTTER UND DER ORDEN DES PHÖNIX